Inhalt

Nachhaltigkeit - Water Footprint zeigt versteckte Wassernutzung

Kernthesen

Beitrag

Fallbeispiele

Weiterführende Literatur

Impressum

Nachhaltigkeit - Water Footprint zeigt versteckte Wassernutzung

Manuel Berkel

Kernthesen

- Die Wassernutzung in der Produktionskette ist ein wichtiger Nachhaltigkeitsindikator.
- Betroffen sind vor allem die Nahrungsmittel- und Textilwirtschaft sowie einige Industriesektoren wie Papier, Kunststoff und Energie.
- Umweltinformationssysteme müssen weiter verbreitet werden, um die Wassernutzung genauer zu erfassen.
- Erste globale Standards für den Water Footprint sind in Arbeit.

- Rein quantitative Kennzahlen über den Verbrauch sind ungenügend.

Beitrag

Für die Wassermenge, die für die Produktion von Konsumgütern verwendet wird, hat sich der Begriff "virtuelles Wasser" eingebürgert. Der virtuelle Wasserverbrauch ist vor allem ein Thema für Agrarerzeugnisse und damit der Lebensmittel- und Textilindustrie. Rund 92 Prozent des weltweiten Wasserkonsums entfallen auf die Landwirtschaft. Auf den Anbau von Getreide entfallen 27 Prozent des globalen Verbrauchs, auf die Tiermast 22 Prozent und auf die Milchproduktion weitere sieben Prozent. In der Kritik von Umweltschützern stehen vor allem Fleisch, Baumwolltextilien und importierte Nahrungsmittel, die in den Industrieländern nicht der täglichen Grundversorgung zuzurechnen sind. (1), (2)

Produktionsbedingungen beeinflussen Verbrauch erheblich

Für eine Tasse Kaffee werden Expertenberechnungen zufolge 140 Liter virtuelles Wasser benötigt, für ein Kilogramm Erdbeeren rund 200 Liter und für ein Kilogramm Rindfleisch sogar 15 500 Liter virtuelles

Wasser. Der Wasserverbrauch der Fleischproduktion ist deshalb so hoch, weil Rinder große Mengen Gras und Soja enthaltendes Kraftfutter fressen. Großen Einfluss auf den Wasserverbrauch in der Landwirtschaft haben allerdings die Produktionsbedingungen. Ein Liter Milch von Kühen aus konventioneller Haltung im Stall, bei der viel Soja zugefüttert werden muss, verbraucht etwa 400 Liter virtuelles Wasser. In der Weidehaltung fressen Kühe Gras aus natürlicher Bewässerung, der Wasserfußabdruck sinkt auf 100 Liter Wasser pro Liter Milch. (1), (3)

Die konkrete Herkunft des Wassers muss also für jeden Einzelfall ermittelt werden, um eine aussagekräftige Kennzahl zum Wasserfußabdruck und den ökologischen Folgen eines Konsumgutes zu erhalten. Grundlegend ist die Unterscheidung zwischen Bewässerungslandwirtschaft und Regenlandwirtschaft. Die Kaffeepflanze beispielsweise braucht zwar große Mengen von Wasser zum Wachstum. Sie wird aber fast ausschließlich in tropischen Gebirgsregionen mit reichen Niederschlägen angebaut. Nur neun Prozent der weltweiten Kaffeeernte stammen aus tief gelegenen Anbaugebieten mit Trockenländern oder Savannen, die künstlich bewässert werden müssen. Das ist zum Beispiel in Brasilien, Vietnam und Indien der Fall. (2), (3), (4)

Bedürfnisse der lokalen Bevölkerung und Umwelt entscheidend

Negativ zu bewerten ist die Bewässerungslandwirtschaft dann, wenn durch aufwendige Landwirtschaft oder Tierzucht nicht mehr ausreichend Trinkwasser für die lokale Bevölkerung vorhanden ist oder ökologisch wertvolle Biotope trockengelegt werden. Für den Anbau von Früchten in trockenen Regionen wird beispielsweise mitunter Wasser aus Schutzgebieten entnommen. Für den Anbau von Baumwolle in Teilen Usbekistans wird aus einigen Zuflüssen des Aralsees so viel Wasser für die künstliche Bewässerung verwendet, dass der früher viertgrößte See der Welt langsam verschwindet. Das übrig gebliebene Wasser versalzt immer mehr, sodass dort kaum noch Leben möglich ist. Für die Bewässerung von 6 500 Hektar Weizenfeldern ist beispielsweise eine Wassermenge nötig, die ausreichte, eine Millionenstadt mit Trinkwasser zu versorgen. (2), (3)

Die lokalen Auswirkungen der Wassernutzung können für einzelne Agrarprodukte also durchaus ein Argument gegen einen lokalen Anbau und für einen auch weiten Transport von Nahrungsmitteln sein. Laut UNESCO verringert der Handel mit

Agrarprodukten die für die Produktion von Agrarprodukten aufgewandte Wassermenge jedes Jahr um acht Prozent. Inwieweit der erhöhte Energieeinsatz und Treibhausgasausstoß die Wassereinsparung konterkariert, muss in einer umfassenden Ökobilanz gegeneinander abgewogen werden. (2)

Trends

Die International Organization for Standardization (ISO) arbeitet zurzeit daran, eine Lebenszyklusanalyse für den Water Footprint in die Norm ISO 14000 für Umweltmanagementsyteme zu integrieren. Die neue Norm ISO 14046 soll Mitte 2014 vorliegen. Die Water-Footprint-Norm soll die Menge des verwendeten Wassers in den verschiedenen Fertigungsstufen von Produkten sichtbar machen, aber auch die regionalen Auswirkungen der Wassernutzung berücksichtigen. Dabei werden ebenfalls Veränderungen der Wasserqualität identifiziert. Mit Hilfe von ISO 14046 sollen Unternehmen eine Risikominimierungsstrategie für wasserbedingte Umweltschäden entwickeln und den Wasserverbrauch in ihrer Produktion senken können. (5), (6)

Analysetools für China und Europa in Vorbereitung

Die neuen G4-Richtlinien der Global Reporting Initiative (GRI) beinhalten im Themenbereich Umwelt drei wasserrelevante Indikatoren. Nach dem ersten Indikator EN8 berichten Unternehmen, wie viel Wasser sie aus welchen Quellen verbraucht haben, zum Beispiel Oberflächenwasser, Grundwasser, Regenwasser oder Wasser aus dem öffentlichen Leitungsnetz. Nach dem zweiten Indikator EN9 legen Unternehmen offen, welche Quellen durch die Wasserentnahme ernsthaft beeinflusst werden. Zu nennen sind dabei die Größe der Wasserquelle, der mögliche Status als Schutzgebiet, die Biodiversität und die Bedeutung der Quelle für die lokale Bevölkerung. Der dritte Indikator EN10 fordert schließlich eine Berichterstattung über die Menge wiederaufbereiteten Wassers und dessen Anteil am gesamten Wasserverbrauch. (5), (7)

Das World Business Council for Sustainable Development (WBCSD) hat bereits im Jahr 2007 das Global Water Tool (GWT) herausgebracht, mit dem Unternehmen den Water Footprint an ihren internationalen Standorten berechnen können. Durch die Dateneingabe können Unternehmen beispielsweise herausfinden, welche ihrer

Produktionsstätten in Regionen mit Wasserknappheit liegen, welcher Anteil der Produktion aus diesen Anlagen stammt und wie viele Zulieferer aus Regionen stammen, die wegen des Klimawandels in den kommenden Jahrzehnten besonders anfällig für Wasserknappheit sein werden. Das GWT wurde bereits von über 300 Unternehmen eingesetzt; für Indien hat das WBCSD im Juli 2013 eine regionalisierte Version vorgelegt. Demnächst sollen Ausgaben für Europa und China folgen. (5), (8)

Fallbeispiele

Der Sportartikelhersteller Puma verwendet Baumwolle für die Textilproduktion und wollte unter seinen Lieferanten Quellen für wasserschonend hergestellte Baumwolle identifizieren. Puma integrierte den Wasserfußabdruck deshalb neben dem Kohlenstofffußabdruck in seine erstmals 2011 vorgelegte ökologische Gewinn- und Verlustrechnung. Für jede Quelle wurde der ökologische Preis des Wassers berechnet. Lieferanten, die Baumwolle aus Gebieten mit hohen ökologischen Wasserkosten beziehen, gibt Puma Hilfestellung, wie sie ihre Felder effizienter bewässern oder auf weniger wasserintensive Pflanzensorten umstellen. (2)

Water Footprint als Marketinginstrument

Die Fleischwirtschaft hat die unterschiedlich hohe Wasserintensität ihrer Produkte als Marketinginstrument im Wettbewerb entdeckt. Erste Einzelhandelsketten wie Rewe beginnen mit der Einführung von Labels, die den Endkunden eine wasserschonende Produktion von Lebensmitteln signalisieren. (5)

Einzelne Industriezweige entdecken ebenfalls die Bedeutung des Water Footprint. Die Wasserintensität wird zum Beispiel in der Kunststoffindustrie immer wichtiger. Auch in der wachsenden Energieindustrie gewinnt der Water Footprint an Bedeutung. Das Global Water Tool des WBCSD ist bereits in speziellen Versionen für thermische Kraftwerke sowie die Öl- und Gasindustrie erhältlich. (8), (9), (10)

Weiterführende Literatur

(1) Die Wasserbilanz der Welt
aus Wiener Zeitung 051 vom 2012-03-14, Seite 17

(2) Wasser-Mythen
aus brand eins, Heft 11/2012, S. 20-28

(3) 140 Liter Wasser für eine Tasse Kaffee - Während

beim persönlichen Wasserverbrauch eifrig gespart wird, hinterlassen wir beim virtuellen Wasser riesige Fußabdrücke
aus Badische Zeitung vom 28.01.2013, Seite 6

(4) Wasser wird nie knapp
aus NZZ am Sonntag 05.08.2012, Nr. 32, S. 20

(5) Nachhaltigkeit wirtschaftlich darstellen
aus Fleischwirtschaft 05 vom 16.05.2012 Seite 023 bis 026

(6) No more waste
aus Fleischwirtschaft 05 vom 16.05.2012 Seite 023 bis 026

(7) G4 Sustainability Reporting Guidelines
aus Fleischwirtschaft 05 vom 16.05.2012 Seite 023 bis 026

(8) The WBCSD Global Water Tool
aus Fleischwirtschaft 05 vom 16.05.2012 Seite 023 bis 026

(9) Präzise Verbrauchsanalyse je Teil und Maschine senkt Energiekosten
aus MM Nr. 29/30 vom 18.07.2011

(10) Energiewirtschaft: zwischen Krise und Wandel / Deloitte-Energiereport zeigt Schwerpunkte und Entwicklungen
aus news aktuell, 2011-11-14

Impressum

Nachhaltigkeit - Water Footprint zeigt versteckte Wassernutzung

Bibliografische Information der deutschen Nationalbibliothek

Die Deutsche Nationalbibliothek verzeichnet diese Publikation in der deutschen Nationalbibliografie; detaillierte bibliografische Daten sind im Internet über http://dnb.d-nb.de abrufbar.

ISBN: 978-3-7379-1546-5

© 2015 GBI-Genios Deutsche Wirtschaftsdatenbank GmbH, Freischützstraße 96, 81927 München, www.genios.de

Alle Rechte vorbehalten. Dieses Werk ist einschließlich aller seiner Teile – z.B. Texte, Tabellen und Grafiken - urheberrechtlich geschützt. Jede Verwertung außerhalb der Grenzen des Urheberrechtsgesetzes bedarf der vorherigen Zustimmung des Verlags. Dies gilt insbesondere auch für auszugsweise Nachdrucke, fotomechanische Vervielfältigungen (Fotokopie/Mikroskopie), Übersetzungen, Auswertungen durch Datenbanken oder ähnliche Einrichtungen und die Einspeicherung und Verarbeitung in elektronischen Systemen.